PARAMAHANSA YOGANANDA
(1893 – 1952)

ZWIESPRACHE
~ *mit* ~
# GOTT

VON

PARAMAHANSA YOGANANDA

Self-Realization Fellowship
FOUNDED 1920 BY PARAMAHANSA YOGANANDA

Das Buch *Zwiesprache mit Gott* ist aus zwei Ansprachen zusammengestellt, die Paramahansa Yogananda im Jahre 1944 in den von ihm gegründeten Tempeln der Self-Realization Fellowship in San Diego und Hollywood gehalten hat; er pflegte dort abwechselnd den Sonntagsgottesdienst zu leiten. Nachdem er in einem Tempel über ein bestimmtes Thema gesprochen hatte, behandelte er am folgenden Sonntag oft weitere Gesichtspunkte desselben Themas im anderen Tempel. Eine seiner ersten und engsten Jüngerinnen, Sri Daya Mata (Präsidentin und geistiges Oberhaupt der Self-Realization Fellowship von 1955 bis zu ihrem Hinscheiden 2010) stenographierte seine Ansprachen viele Jahre lang mit. Das Buch erschien zum erstenmal im Jahre 1957 unter dem Titel *How You Can Talk With God* und ist in viele verschiedene Sprachen übersetzt worden.

Der Titel der im Verlag Self-Realization Fellowship,
Los Angeles, Kalifornien, erschienenen Originalausgabe lautet:
How You Can Talk With God

ISBN-13: 978-0-87612-160-3

Übersetzung aus dem Englischen: Self-Realization Fellowship

Copyright © 1990 Self-Realization Fellowship

Autorisiert durch
International Publications Council of
Self-Realization Fellowship

Der Leser kann sicher sein, dass alle SRF-Bücher, Ton- und Videoaufnahmen sowie andere Veröffentlichungen der SRF, die den Namen und das Emblem der Self-Realization Fellowship (wie oben angegeben) tragen, von der Organisation stammen, die Paramahansa Yogananda selbst gegründet hat und die seine Lehre wahrheitsgetreu wiedergibt.

Erste deutsche gebundene Ausgabe 1999
Dieser Nachdruck: 2021

ISBN-13: 978-0-87612-169-6

Gedruckt in Italien
1407-JT06868

Groß ist die Herrlichkeit Gottes. Er ist wirklich, und Er ist erreichbar. … Langsam, aber sicher müsst ihr im Laufe eures Lebens zu der Einsicht gelangen, dass Gott der einzige Gegenstand und das einzige Ziel ist, das euch zufriedenstellen kann; nur in Gott können alle Wünsche eures Herzens Erfüllung finden.

Paramahansa Yogananda

ZWIESPRACHE *mit* GOTT

Dass man mit Gott sprechen kann, ist eine feststehende Tatsache. In Indien habe ich persönlich miterlebt, wie Heilige sich mit dem Himmlischen Vater unterhielten. Und ihr alle könnt euch ebenfalls mit Ihm in Verbindung setzen; damit meine ich nicht etwa eine einseitige Unterhaltung, sondern eine wirkliche Zwiesprache, bei der ihr zu Gott sprecht und Er euch antwortet. Natürlich kann jeder *zu* Gott sprechen. Heute aber will ich erklären, wie man Ihn dazu bewegen kann zu antworten.

Warum sollten wir daran zweifeln? Alle heiligen Schriften der Welt enthalten zahlreiche Berichte von Gesprächen zwischen Gott und Mensch. Eine der schönsten biblischen Episoden ist im ersten Buch der Könige (3, 5 13) verzeichnet: »Und der Herr erschien Salomo zu Gibeon im Traum des Nachts, und Gott sprach: Bitte, was ich dir geben soll! Salomo sprach: ... So gib denn deinem Diener ein gehorsames Herz, dass er dein Volk richten möge und verstehen, was gut und böse ist. ... Und Gott sprach zu ihm: Weil du darum gebeten hast und nicht um langes Leben noch um Reichtum noch um den Tod deiner Feinde, sondern um Verstand, Gericht zu hören, siehe, so habe ich getan nach deinen Worten. Siehe, ich habe dir ein weises und verständiges Herz gegeben ... Und dazu habe ich dir auch gegeben, was du nicht erbeten hast, Reichtum und Ehre …«

Auch David hat viele Male mit dem Herrn gesprochen, selbst über weltliche Dinge. »David aber fragte Gott und sprach: Soll ich gegen die Philister hinaufziehen, und willst du sie in meine Hand geben? Der Herr sprach zu ihm: Zieh hinauf! Ich werde sie in deine Hände geben.«[1]

GOTT LÄSST SICH NUR DURCH LIEBE BEWEGEN

Die meisten Menschen beten nur mit dem Verstand, nicht mit der ganzen Glut ihres Herzens. Solche Gebete sind zu schwach, um eine

---

[1] *1. Chronik* 14, 10.

Antwort herbeizurufen. Wir sollten voller Vertrauen zum Göttlichen GEIST sprechen und dabei fühlen, dass wir Ihm so nahe stehen wie einem Vater oder einer Mutter. Unsere Beziehung zu Gott muss auf bedingungsloser Liebe beruhen. Die Ausdrucksform des GEISTES als Göttliche Mutter kann uns mehr als jede andere eine Antwort bringen, weil es angemessen und ganz natürlich ist, die Mutter um etwas zu bitten. Dann sieht sich Gott genötigt, unseren Ruf zu erhören; denn die Mutter ist der Inbegriff der Liebe und Vergebung, ganz gleich, wie sehr ihr Kind gesündigt hat. Die Liebe zwischen Mutter und Kind ist die innigste und schönste menschliche Beziehung, die der Herr uns gegeben hat.

Man muss eine bestimmte Vorstellung von Gott haben (z.B. die der Göttlichen Mutter), sonst erhält man keine klare Antwort. Und zudem muss die Sehnsucht nach einer Antwort des Herrn stark genug sein; ein halbherziges Gebet genügt nicht. Wenn ihr euch fest vornehmt: »Er *muss* zu mir sprechen« und euch weigert, irgendetwas anderes zu glauben, ganz gleich, wie viele Jahre Er euch nicht geantwortet hat, wenn ihr immer weiter auf Ihn vertraut, wird Er eines Tages zu euch sprechen.

In meinem Buch *Autobiographie eines Yogi* habe ich einige der zahlreichen Begebenheiten beschrieben, wo ich selbst mit Gott gesprochen habe. Zum ersten Mal hörte ich die göttliche Stimme zu mir sprechen, als ich noch ein kleines Kind war. Als ich eines Morgens auf meinem Bett saß, verfiel ich in eine tiefe Träumerei.

»Was befindet sich hinter dem Dunkel der geschlossenen Augen?« Dieser Gedanke tauchte plötzlich in mir auf und ließ mich nicht mehr los. Und sogleich flammte vor meinem inneren Auge ein gewaltiges Licht auf. Gestalten von Heiligen, die meditierend in ihren Berghöhlen saßen, erschienen gleich Miniatur-Filmbildern auf der strahlenden Leinwand, die sich hinter meiner Stirn ausbreitete.

»Wer seid ihr?« fragte ich laut.

»Wir sind die Yogis im Himalaja.« Die himmlische Antwort, die nur schwer wiederzugeben ist, ließ mein Herz vor Freude erzittern. Die Vision entschwand – doch die silbernen Strahlen breiteten sich in immer größer werdenden Kreisen bis in die Unendlichkeit aus.

»Woher kommt dieser wunderbare Glanz?« fragte ich.

»Ich bin *Ishvara* (der Herr). Ich bin Licht!« Die Stimme klang wie verhallender Donner.

Meine Mutter und meine ältere Schwester Roma befanden sich in der Nähe, als ich dieses frühe Kindheitserlebnis hatte, und auch sie konnten die göttliche Stimme hören. Diese Antwort Gottes machte mich so glücklich, dass ich mich auf der Stelle entschloss, Ihn so lange zu suchen, bis ich völlig eins mit Ihm sein würde.

Die meisten Menschen sind der Meinung, dass sich hinter den geschlossenen Augen nichts als Dunkelheit befinde. Doch wenn ihr euch geistig höherentwickelt und euch auf das *eine* Auge in der Stirn konzentriert, erhaltet ihr die innere Schau. Dann schaut ihr eine andere Welt – eine Welt des Lichts, die von unbeschreiblicher Schönheit ist. Visionen von Heiligen erscheinen – so wie mir die Yogis im Himalaja. Und wenn ihr euch noch tiefer versenkt, werdet auch ihr die Stimme Gottes hören.

Immer wieder weisen die heiligen Schriften auf das Versprechen des Herrn hin, dass Er mit uns in Verbindung treten will. »Ihr werdet mich suchen; und wenn ihr mich von ganzem Herzen sucht, dann werdet ihr mich finden.« (*Jeremia* 29, 13–14) »Der Herr ist mit euch, weil ihr mit ihm seid; und wenn ihr ihn sucht, wird er sich von euch finden lassen. Werdet ihr ihn aber verlassen, so wird er euch auch verlassen.« (*2. Chronik* 15, 2) »Siehe, ich stehe vor der Tür und klopfe an. Wenn jemand meine Stimme hört und die Tür öffnet, so werde ich zu ihm hineingehen und das Mahl mit ihm halten und er mit mir.« (*Offenbarung* 3, 20)

Wenn ihr nur einmal mit dem Herrn »Brot brechen«, d. h. Sein Schweigen brechen könnt, wird Er oft mit euch sprechen. Doch am Anfang ist dies sehr schwer; es ist nicht leicht, mit Gott in Verbindung zu treten, denn zuerst will Er sicher sein, dass es euch ernst damit ist, Ihn zu erkennen. Er prüft Seine Kinder, um festzustellen, ob sie Ihn oder irgendetwas anderes ersehnen. Er wird nicht eher zu euch sprechen, als bis ihr Ihn davon überzeugt habt, dass sich kein anderer Wunsch mehr in eurem Herzen verbirgt. Warum sollte Er sich euch offenbaren, wenn euer Herz sich nur nach Seinen Gaben sehnt?

DIE LIEBE IST DAS EINZIGE, WAS WIR GOTT SCHENKEN KÖNNEN

Die ganze Schöpfung war als eine Prüfung für den Menschen gedacht. Unser Verhalten in dieser Welt zeigt, ob wir nach Gott selbst oder nur nach Seinen Gaben verlangen. Gott bittet euch nicht, Ihn über alles zu lieben; Er möchte, dass ihr Ihn aus eigenem Antrieb, d. h. ohne »Aufforderung«, liebt. Das ist das ganze Geheimnis im Spiel dieses Universums. Er, der uns erschaffen hat, sehnt sich nach unserer Liebe. Er will, dass wir sie Ihm freiwillig schenken, ohne dass Er dazu auffordert. Unsere Liebe ist das Einzige, was Gott nicht besitzt, es sei denn, dass wir sie Ihm schenken. Ihr seht also, selbst für Gott gibt es noch etwas, das Ihm fehlt: unsere Liebe.

Und wir können nie richtig glücklich werden, wenn wir sie Ihm vorenthalten. Solange wir uns wie eigensinnige Kinder verhalten, wie kleine Wichte, die auf diesem Erdball umherkriechen und nach Seinen Gaben jammern, dabei aber Ihn, den eigentlichen Geber, unbeachtet lassen, stürzen wir immer wieder in die Grube des Elends.

Da wir im innersten Wesenskern eins sind mit Gott, können wir uns erst dann richtig Ausdruck verschaffen, wenn wir gelernt haben, Gottes Gegenwart durch uns wirken zu lassen. Das ist die Wahrheit. Eben weil wir göttlich und ein Teil von Ihm sind, können wir auf die Dauer nie mit materiellen Dingen zufrieden sein. »Nichts wird dir Obdach bieten, wenn du Mir das Obdach verwehrst!«[2] Ehe ihr nicht Zufriedenheit in Gott erlangt habt, könnt ihr in nichts anderem Zufriedenheit finden.

IST GOTT PERSÖNLICH ODER ÜBERPERSÖNLICH?

*I*st Gott persönlich oder überpersönlich? Eine nähere Untersuchung dieser Frage wird es euch leichter machen, mit Ihm in Verbindung zu treten. Viele stellen sich Gott nicht gern als eine Person vor; sie meinen, dass eine anthropomorphe Vorstellung zu begrenzend sei. Sie sehen in Ihm den Überpersönlichen GEIST, die Allmacht, die Intelligente Kraft, die für das Universum verantwortlich ist.

[2] Aus *Der Himmlische Jagdhund* von Francis Thompson.

Wenn aber unser Schöpfer überpersönlich ist, wie kann Er dann menschliche Wesen erschaffen haben? Wir sind persönliche Wesen; wir haben Individualität. Wir denken, fühlen und wollen; und Gott hat uns nicht nur die Fähigkeit gegeben, die Gedanken und Gefühle anderer zu schätzen, sondern sie auch zu erwidern. Der Herr selbst hat sicher dasselbe Verlangen nach Wechselbeziehung, das Er all Seinen Geschöpfen eingegeben hat. Wir müssen es nur zulassen, dann kann und wird unser Himmlischer Vater ein ganz persönliches Verhältnis mit jedem von uns eingehen.

Wenn wir uns Gott als etwas Überpersönliches vorstellen, so denken wir an ein Unnahbares Wesen, das zwar unsere Gebete empfängt, aber nie darauf antwortet – ein Wesen, das alles weiß, und dennoch ein herzloses Schweigen bewahrt. Doch das ist ein philosophischer Irrtum, denn Gott ist alles in allem: Er ist sowohl persönlich als auch überpersönlich. Er erschuf Personen, menschliche Wesen. Ihr Schöpfer kann deshalb nicht völlig unpersönlich sein.

Es befriedigt unser Herz zutiefst, wenn wir uns vorstellen, dass Gott menschliche Gestalt annehmen, zu uns kommen und mit uns sprechen kann. Warum tut Er es dann nicht für jeden? Viele Heilige haben die Stimme Gottes gehört. Warum könnt ihr sie nicht hören? »Du bist unsichtbar, o Herr, Du bist überpersönlich, unbekannt und unerkennbar; dennoch glaube ich, dass Du durch den Frost meiner Hingabe zu einer Gestalt ›gefroren‹ werden kannst.« Durch eure intensive Hingabe könnt ihr Gott dazu

bringen, in persönlicher Gestalt vor euch zu erscheinen. Ihr könnt, genauso wie der hl. Fran-
ziskus und andere große Heilige, Christus leib-
haftig erblicken, wenn ihr tief genug betet. Jesus
war eine persönliche Offenbarung Gottes. Wer
Brahma (Gott) kennt, ist Brahma selbst. Sagte
Christus nicht: »Ich und der Vater sind eins«?[3]
Auch Swami Shankara erklärte: »Ich bin GEIST«
und »Du bist DAS«. Viele große Propheten haben uns versichert, dass alle Menschen Gott zum
Bilde erschaffen sind.

Ich erhalte mein Wissen vor allem von Gott,
nicht aus Büchern. Ich lese nur selten. Und ich
spreche nur über das, was ich selbst erfahren
habe. Darum spreche ich mit Überzeugung, mit
der Autorität, die ich aus meiner unmittelbaren

---

[3] *Johannes* 10, 30.

Erkenntnis der Wahrheit gewonnen habe. Auch wenn die ganze Welt anderer Meinung ist – das, was man kraft seiner eigenen Erfahrung vermittelt, wird schließlich immer anerkannt.

WAS MIT »EBENBILD GOTTES«
GEMEINT IST

*I*n der Bibel steht: »Denn Gott zum Ebenbild hat Er den Menschen gemacht.«[4] Noch keiner hat vollständig erklärt, inwiefern der Mensch das Ebenbild Gottes ist. Gott ist GEIST; und der Mensch ist seinem eigentlichen Wesen nach ebenfalls GEIST. Das ist der tiefere Sinn dieses Bibelverses. Es gibt aber noch viele andere wahre Auslegungen.

[4] *1. Mose* 9, 6.

Der ganze menschliche Körper sowie das Bewusstsein und alle Bewegungsvorgänge darin sind eine mikrokosmische Darstellung Gottes. Im Bewusstsein liegt Allwissen und Allgegenwart. Ihr könnt euch jederzeit vorstellen, dass ihr euch auf dem Polarstern oder dem Mars befindet. Für die Gedanken gibt es keine Entfernung zwischen euch und irgendetwas anderem. Aufgrund des Bewusstseins, das dem Menschen innewohnt, kann man also sagen, dass er Gottes Ebenbild ist.

Das Bewusstsein nimmt sich selbst wahr; es fühlt sich intuitiv. Durch Sein kosmisches Bewusstsein ist Gott sich Seiner selbst in jedem Atom der Schöpfung bewusst. »Kauft man nicht zwei Sperlinge um einen Pfennig? Dennoch fällt deren keiner auf die Erde ohne euren Vater«[5] [ohne, dass der Vater es gewahr wird].

Auch der Mensch trägt das kosmische Bewusstsein in sich, doch nur wenige entwickeln es. Der Mensch besitzt ebenfalls Willenskraft, mit der er, gleich dem Schöpfer, jederzeit ganze Welten erschaffen könnte; doch nur wenige entwickeln diese in ihnen schlummernde Kraft. Die Tiere können nicht logisch denken, doch der Mensch kann es. Alle Merkmale, die Gott besitzt – Bewusstsein, Vernunft, Willen, Gefühl, Liebe –, besitzt auch der Mensch. Aufgrund dieser Merkmale kann man behaupten, dass er Gott zum Bilde erschaffen ist.

[5] *Matthäus* 10, 29.

Der physische Körper ist nicht Materie, sondern Energie

Die Energie, die wir im Körper fühlen, verrät die Existenz einer weit größeren Macht, als nötig wäre, die individuelle körperliche Maschinerie in Gang zu halten. Die Kraft der kosmischen Energie, die ganze Universen aufrechterhält, vibriert auch in unserem Körper. Die kosmische Energie ist eine der Ausdrucksformen Gottes. Darum sind wir sogar vom physischen Standpunkt aus Ihm zum Bilde erschaffen.

Woraus besteht die Energie unseres Körpers? Unsere physische Gestalt setzt sich aus Molekülen zusammen, die Moleküle aus Atomen, die Atome aus Elektronen und die Elektronen aus der Lebenskraft oder den »Biotronen«, d.h. aus

Myriaden von Energie-Einheiten. Mit eurem geistigen Auge könnt ihr den Körper als eine Masse schimmernder Lichtpünktchen wahrnehmen – nämlich als die Energie, die von seinen 27 Billionen Zellen ausgeht. Nur aufgrund der Täuschung seht ihr den Körper als feste Substanz. In Wirklichkeit besteht er nicht aus Materie, sondern aus Energie.

Weil ihr glaubt, dass ihr aus Fleisch und Blut besteht, haltet ihr euch manchmal für Schwächlinge. Wenn ihr aber das Bewusstsein Gottes in eurem Körper wahrnehmt, werdet ihr auch erkennen, dass das Fleisch nichts anderes ist als eine physische Manifestation der fünf vibrierenden Elemente: Erde, Wasser, Feuer, Luft und Äther.

Der menschliche Körper besteht aus fünf universalen Elementen

Das ganze Universum – d. h. der Körper Gottes – besteht aus denselben fünf Elementen, aus denen sich auch der menschliche Körper zusammensetzt. Die sternförmige Gestalt des menschlichen Körpers stellt die Strahlen dieser fünf Elemente dar. Kopf, Hände und Füße bilden die fünf Zacken dieses Sterns. Und so ist der Mensch auch in dieser Hinsicht als Gottes Ebenbild erschaffen.

Die fünf Finger des Menschen sind eine andere Darstellung der fünf Kosmischen und Intelligenten Schwingungselemente, die das Gefüge des Universums aufrechterhalten. Der Daumen stellt das gröbste Schwingungselement, die Erde, dar; daher ist er so dick. Der Zeigefinger versinnbildlicht das Wasserelement und der Mittelfinger das lodernde Feuerelement; daher ist dieser am längsten. Der Ringfinger symbolisiert die Luft und der kleine Finger den Äther, der sehr fein ist.

Wenn man einen Finger reibt, regt man die Kraft an, die er repräsentiert. Reibt man also den Mittelfinger (der das Feuerelement darstellt) gegen den Nabel (gegenüber dem Lenden- oder »Feuer«-Zentrum in der Wirbelsäule, welches die Verdauung und Assimilation reguliert), hilft das, Verdauungsstörungen zu beheben.

Gott manifestiert sich in der Schöpfung als Bewegung. Der Mensch hat Beine und Füße entwickelt, weil er den Drang nach Bewegung hatte. Auch die Zehen sind Verkörperungen der fünf Energiestrahlen.

Die Augen sind ein Miniaturbild von Gottvater, Gott dem Sohn und dem Heiligen Geist – versinnbildlicht durch die Pupille, die Iris und das Weiße des Auges. Wenn ihr euch auf die Stelle zwischen den Augenbrauen konzentriert, spiegeln sich die Strahlen der beiden Augen als ein Licht wider, und ihr könnt das geistige Auge erblicken. Dieses kugelförmige Gebilde ist das »Auge Gottes«. Wir haben zwei Augen entwickelt, weil unser dualistisches Universum vom Gesetz der Relativität regiert wird. Jesus sprach: »Wenn dein Auge eins ist, so wird dein ganzer Leib licht sein.«[6] Wenn wir durch das geistige Auge – das *eine* Auge Gottes – blicken, erkennen

[6] *Matthäus* 6, 22.

wir, dass die ganze Schöpfung aus einer einzigen Substanz besteht, aus Seinem Licht.

EINS SEIN MIT GOTT, EINS SEIN MIT DER GÖTTLICHEN ALLMACHT

Letzten Endes ist der Mensch im Besitz aller Macht. Ihr könnt alles und jedes ändern, sobald euer Bewusstsein eins geworden ist mit Gott. Die Teile eines Autos können notfalls ersetzt werden; doch einen ähnlichen Ersatz für den menschlichen Körper zu beschaffen, ist komplizierter. Hierbei ist der Geist, der die Körperzellen regiert, der wesentliche Faktor. Wenn der Mensch völlige Herrschaft über seinen Geist erlangt, kann er seine Körperzellen oder Körperteile beliebig oft ersetzen. Er könnte z.B. allein durch die Kraft der Gedanken die Atome des Körpers ändern und ein komplett neues Gebiss hervorbringen. Wer geistig weit fortgeschritten ist, besitzt vollkommene Herrschaft über die Materie.

Der Herr ist GEIST; das überpersönliche Wesen ist unsichtbar. Doch als Er die physische Welt erschuf, wurde Er zu Gottvater. Und indem Er die Rolle des Schöpfers übernahm, wurde Er auch zu einem persönlichen Wesen. Er wurde sichtbar: Das ganze Universum ist der Körper Gottes.

Als die Erde hat Er einen positiven und einen negativen Aspekt – den Nord- und den Südpol. Die Sterne sind Seine Augen, das Gras und die Bäume Sein Haar, und die Flüsse Sein Blutstrom. Das Rauschen des Meeres, das Lied der

Lerche, das Schreien des neugeborenen Kindes und alle anderen Laute der Schöpfung sind Seine Stimme. Das ist der persönliche Gott. Der Herzschlag hinter allen Herzen ist Seine pulsierende kosmische Energie. Er bewegt sich durch die Milliarden Paare menschlicher Füße. Er arbeitet durch alle Hände. Es ist das Eine Göttliche Bewusstsein, das sich in jedem Gehirn manifestiert.

Das göttliche Gesetz der Anziehung und Abstoßung hält die Körperzellen harmonisch zusammen, ebenso wie es die Bahn der Sterne im Gleichgewicht hält. Der allgegenwärtige Herr ist pausenlos tätig; es gibt keinen Ort, an dem nicht irgendeine Art von Leben existiert. Mit unbegrenzter Schöpferfreude projiziert Gott unaufhörlich vielgestaltige Formen – unerschöpfliche Manifestationen Seiner kosmischen Energie.

Der Göttliche GEIST hat für alles, was Er erschafft, einen bestimmten Plan, eine konkrete Gestaltung. Zuerst erschuf Er das gesamte Universum, dann den Menschen. Als Er sich selbst den physischen Körper der Planetensysteme gab, offenbarte Er drei Ausdrucksformen: kosmisches Bewusstsein, kosmische Energie und kosmische Masse oder Materie.

Diese drei entsprechen dem menschlichen Ideen- oder Kausalkörper, dem Astral- oder Energiekörper und dem physischen Körper. Dabei ist der GEIST die ihnen zugrunde liegende Seele oder das Göttliche Leben.

Der GEIST offenbart sich makrokosmisch als kosmisches Bewusstsein, als kosmische Energie und als stoffliche Universen; mikrokosmisch offenbart Er sich als menschliches Bewusstsein, menschliche Energie und menschliche Körper. So sehen wir also wieder, dass der Mensch wahrhaftig Gott zum Bilde erschaffen ist.

GOTT »SPRICHT« DURCH SCHWINGUNG

Gott kann *tatsächlich* in körperlicher Gestalt vor uns erscheinen. Er ist ein persönliches Wesen, und zwar weit mehr, als ihr glaubt. Er ist so wirklich und gegenwärtig, wie ihr es seid. Das ist es, was ich euch allen heute sagen will. Der Herr antwortet uns immer. Er sendet ständig Seine

Gedankenschwingungen aus – das erfordert Energie; und diese Energie offenbart sich als Laut. Das ist ein sehr wichtiger Punkt. Gott ist Bewusstsein. Gott ist Energie. »Sprechen« bedeutet vibrieren. In der Vibration Seiner kosmischen Energie spricht Er fortwährend zu uns. Er ist zur Göttlichen Mutter der Schöpfung geworden, die sich als fester und flüssiger Stoff, als Feuer, Luft und Äther manifestiert.

Die unsichtbare Göttliche Mutter verleiht sich ständig durch sichtbare Formen Ausdruck – durch die Blumen, Berge, Meere und Sterne. Was ist Materie? Nichts anderes als ein bestimmter Schwingungsgrad der göttlichen kosmischen Energie. Im Universum gibt es keine wirklich festen Körper. Das, was so erscheint, ist nur eine verdichtete oder grobe Schwingung Seiner

von Jagannath (Kalyana-Kalpataru)

DIE GÖTTLICHE MUTTER

Gott in Seiner Ausdrucksform als Göttliche Mutter wird in der bildenden Kunst der Hindus als eine vierarmige Frau dargestellt. Die eine Hand ist erhoben und segnet das ganze Universum; in den anderen drei Händen hält Sie Gebetsperlen, die Hingabe symbolisieren; Seiten der heiligen Schriften, die Gelehrsamkeit und Weisheit versinnbildlichen; und einen Krug mit geweihtem Wasser, als Zeichen der Reinigung.

Energie. Der Herr spricht durch Schwingungen zu uns. Nun erhebt sich die Frage, wie man unmittelbar mit Ihm sprechen kann. Das ist die höchste aller Errungenschaften: mit Gott sprechen zu können.

Wenn ihr einen Berg anredet, so antwortet er nicht. Wenn ihr zu den Blumen sprecht, wie Luther Burbank es tat, fühlt ihr vielleicht schon irgendeine Reaktion. Und dann können wir natürlich zu anderen Menschen sprechen. Ist Gott aber weniger zugänglich als Blumen und Menschen, dass Er uns immer nur zu sich sprechen lässt, ohne jemals zu antworten? Es hat den Anschein, nicht wahr? Die Schwierigkeit liegt nicht bei Ihm, sondern bei uns. Unsere intuitive Telefonanlage ist gestört. Gott ruft uns an und spricht zu uns, aber wir hören Ihn nicht.

DIE KOSMISCHE SCHWINGUNG »SPRICHT« ALLE SPRACHEN

Doch die Heiligen hören Ihn. Ich kannte einen Meister, dem Gottes Stimme jedes Mal, wenn er betete, so antwortete, als käme sie aus dem Himmel. Gott braucht keine Stimmbänder, um zu sprechen. Wenn ihr intensiv genug betet, bringen euch eure Gebetsschwingungen sogleich eine Antwort in Form von Schwingungen. Diese Antwort kann in jeder Sprache erfolgen, die ihr zu hören gewohnt seid. Wenn ihr auf Deutsch betet, hört ihr die Antwort auf Deutsch. Wenn ihr auf Englisch betet, hört ihr sie auf Englisch.

Die Schwingungen der verschiedenen Sprachen haben ihren Ursprung in der kosmischen Schwingung. Gott, der die kosmische Schwingung ist, spricht alle Sprachen. Was ist Sprache? Eine bestimmte Schwingung. Und was ist Schwingung? Eine bestimmte Form der Energie. Und was ist Energie? Ein bestimmter Gedanke.

Obgleich Gott all unsere Gebete hört, antwortet Er nicht immer. Wir sind in derselben Lage wie ein Kind, das nach der Mutter ruft, aber die Mutter hält es nicht für nötig zu kommen. Sie gibt ihm ein Spielzeug, damit es ruhig ist. Doch wenn sich das Kind mit nichts anderem als mit der Gegenwart der Mutter trösten lässt, dann endlich kommt sie. Wenn ihr Gott finden wollt, müsst ihr schreien wie das eigensinnige Baby, und zwar so lange, bis die Mutter kommt.

Wenn ihr fest entschlossen seid, unaufhörlich nach der Göttlichen Mutter zu rufen, wird Sie schließlich zu euch sprechen. Ganz gleich, wie beschäftigt Sie mit ihrer Hausarbeit innerhalb der Schöpfung ist – wenn ihr beharrlich ruft, kann Sie gar nicht anders, als zu euch zu sprechen. Die heiligen Schriften der Hindus drücken es wie folgt aus: Wenn ein Gottsucher eine ganze Nacht und einen ganzen Tag lang – ohne einen Augenblick der Unterbrechung – mit intensiver Hingabe zu Gott spricht, wird Er antworten. Aber wie wenige tun dies! Jeden Tag habt ihr »wichtige Verabredungen«, und diese stellen den »Teufel« dar, der euch von Gott fernhält. Der Herr kommt nicht, wenn ihr nur ein flüchtiges Gebet sprecht und dann sofort an etwas anderes denkt – oder wenn ihr betet: »Himmlischer

Vater, ich rufe Dich an, aber ich bin schon sehr müde. Amen.« Der heilige Paulus schrieb: »Betet ohne Unterlass.«[7]

Der geduldige Hiob führte lange Gespräche mit Gott. Hiob sprach zu Ihm: »So höre nun, lass mich reden; ich will dich fragen, lehre mich. Ich hatte von dir mit den Ohren gehört; aber nun hat mein Auge dich gesehen.«[8]

Wenn ein Liebhaber seiner Geliebten mit mechanischen Worten seine Zuneigung beteuert, weiß sie, dass er es nicht aufrichtig meint; sie »hört« das heraus, was er wirklich fühlt. Ähnlich ist es auch, wenn die Menschen zu Gott beten; dann weiß Er, ob sie im Herzen echte Hingabe fühlen oder ob sie mit ihren Gedanken ganz

---

[7] *1. Thessalonicher 5, 17.*
[8] *Hiob 42, 4–5*

woanders sind; Er reagiert nicht auf halbherzige Gebete. Wenn aber jemand Tag und Nacht intensiv betet und unaufhörlich zu Ihm spricht, wird Gott ihm erscheinen. Zu solchen Gottsuchern kommt Er mit Sicherheit.

GEBT EUCH NUR MIT DEM ALLERHÖCHSTEN ZUFRIEDEN

Verschwendet eure Zeit nicht mit wertlosen Dingen. Natürlich ist es leichter, irgendwelche anderen Gaben von Gott zu erhalten als das höchste Geschenk Seiner selbst. Gebt euch aber mit nichts Geringerem zufrieden als mit dem Allerhöchsten. Ich mache mir wenig aus den Gaben, die Gott mir gewährt – ich will nur Ihn, den Geber aller Gaben, dahinter erkennen.

Warum erfüllen sich all meine Wünsche? Weil ich in die Tiefe gehe; ich gehe unmittelbar zu Gott. In jeder Ausdrucksform der Schöpfung schaue ich Ihn. Er ist unser Vater; Er ist uns näher als der Nächste, lieber als der Liebste, wirklicher als jeder andere. Er ist sowohl unerkennbar als auch erkennbar.

Gott sehnt sich nach euch und will, dass ihr zu Ihm zurückkehrt. Das ist euer Geburtsrecht. Irgendwann einmal müsst ihr diese Erde verlassen; sie ist nicht euer ständiger Aufenthaltsort. Das Leben auf dieser Erde ist lediglich eine Schule, in die Er uns schickt, um zu sehen, wie wir uns hier verhalten; das ist alles. Bevor Gott sich uns offenbart, will Er wissen, ob wir uns irdischen Glanz und Ruhm wünschen oder ob wir genug Weisheit erlangt haben zu sagen:

»All dies liegt hinter mir, Herr. Ich will nur noch mit Dir sprechen. Ich weiß, dass nur Du allein mein Eigen bist. Du wirst immer noch bei mir sein, wenn alle anderen dahingegangen sind.«

Viele Menschen suchen ihr Glück in der Ehe, im Geld, im Wein usw.; doch solche Leute sind Marionetten des Schicksals. Wenn man dies einmal erkannt hat, weiß man auch, worin der eigentliche Sinn des Lebens besteht, und beginnt ganz von selbst damit, Gott zu suchen.

Wir müssen unser verlorenes göttliches Erbteil zurückverlangen. Je selbstloser man ist, umso mehr versucht man, andere glücklich zu machen, umso mehr wird man an Gott denken. Und je mehr weltliche Ziele und menschliche

Wünsche man hat, umso unerreichbarer wird das Glück der Seele. Wir sind nicht auf diese Erde gesandt worden, um im Schlamm der Sinne zu waten und immer wieder von Leid geplagt zu werden. Alles Weltliche ist von Übel, weil es die Glückseligkeit der Seele verdrängt. Das größte Glück wird einem dann zuteil, wenn man sich ganz in Gott versenkt.

WARUM DAS GLÜCK HINAUSZÖGERN?

Warum denkt ihr nicht an die Zukunft? Warum messt ihr den unwichtigen Dingen so viel Bedeutung bei? Die meisten Leute konzentrieren sich auf Frühstück, Mittag- und Abendessen, auf ihre Arbeit, gesellschaftliche Vergnügungen usw.

Gestaltet euer Leben einfacher und richtet eure ganze Aufmerksamkeit auf Gott. Die Erde ist ein Ort, an dem wir uns vorbereiten sollen, zu Gott zurückzukehren. Er will wissen, ob wir Ihn mehr lieben als Seine Gaben. Er ist unser aller Vater, und wir sind Seine Kinder. Er hat ein Recht auf unsere Liebe, und wir haben ein Recht auf Seine Liebe. Schwierigkeiten ergeben sich für uns, wenn wir Ihn vernachlässigen. Doch Er wartet immer auf uns.

Ich wünschte, Er hätte uns allen etwas mehr Einsicht gegeben. Wir haben die Freiheit, Gott abzulehnen oder Ihn aufzunehmen. Und was tun wir? Wir betteln und betteln um ein wenig Geld, ein wenig Glück, ein wenig Liebe. Warum bittet ihr um Dinge, die euch eines Tages doch wieder genommen werden müssen? Wie lange noch wollt ihr wegen Geldmangels, Krankheit und dieser oder jener Schwierigkeit jammern? Erkennt, dass ihr unsterblich seid und dass das Reich Gottes euer ist! Denn das ist es, was ihr euch wirklich wünscht.

ES GEHT UM DAS REICH GOTTES

Die Heiligen betonen, wie wichtig es ist, frei von allen Wünschen zu sein, damit nicht irgendeine Anhänglichkeit an materielle Dinge uns davon abhält, das Reich Gottes zu erlangen. Entsagung bedeutet nicht, dass man alles aufgibt; es bedeutet nur, dass man kleinere Freuden aufgibt, um die ewige Glückseligkeit zu erlangen. Wenn ihr für Gott arbeitet, spricht Er zu euch, und ihr solltet ständig zu Ihm sprechen. Sagt Ihm alles, was euch in den Sinn kommt. Sagt Ihm vor allem: »Herr, offenbare Dich, offenbare Dich.« Gebt euch nicht mit Seinem Schweigen zufrieden. Zuerst wird Er dadurch antworten, dass Er euch einen Wunsch erfüllt, um euch zu zeigen, dass ihr Seine Aufmerksamkeit erweckt habt. Lasst es euch aber nicht an Seinen Gaben genügen. Sagt Ihm, dass ihr nie zufrieden sein werdet, bevor ihr Ihn nicht gefunden habt. Schließlich wird Er euch antworten. Dann werdet ihr vielleicht in einer Vision das Antlitz eines Heiligen erblicken, oder ihr werdet eine Göttliche Stimme zu euch sprechen hören; und dann werdet ihr wissen, dass ihr mit Gott in Verbindung seid.

Um Ihn dazu zu bewegen, sich selbst zu schenken, muss man eifrig und unermüdlich in seinen Bemühungen sein. Niemand kann euch diesen Eifer lehren. Den müsst ihr selbst entwickeln. »Man kann ein Pferd zur Tränke führen, aber man kann es nicht zum Trinken zwingen.« Doch wenn das Pferd durstig ist, wird es ganz von selbst nach Wasser suchen. Wenn ihr also nach dem Göttlichen dürstet, wenn ihr euren weltlichen oder körperlichen Prüfungen nur noch wenig Beachtung schenkt, dann wird Er kommen. Vergesst nie: Wenn ihr von ganzem Herzen nach Ihm verlangt, wenn ihr keine Entschuldigung mehr gelten lasst, dann wird Er kommen.

Ihr dürft nie daran zweifeln, dass Gott euch antworten wird. Die meisten Menschen erhalten keine Antwort, weil sie nicht daran glauben. Wenn ihr fest entschlossen seid, etwas Bestimmtes zu erreichen, kann keiner euch daran hindern.

Doch in dem Augenblick, wo ihr aufgebt, habt ihr euer eigenes Urteil gesprochen. Im Wortschatz des erfolgreichen Menschen gibt es das Wort »unmöglich« nicht.

Der Glaube ist die grenzenlose Kraft Gottes in euch. Gott ist sich der Tatsache bewusst, dass Er alles erschaffen hat; Glaube bedeutet daher, dass wir aus tiefster Überzeugung wissen: Gott hat uns als Seine Ebenbilder erschaffen. Wenn wir uns innerlich ganz auf Sein Bewusstsein eingestellt haben, können auch wir Welten erschaffen. Vergesst nie, dass in eurem Willen die allmächtige Kraft Gottes liegt. Wenn ihr mit großen Widerwärtigkeiten zu kämpfen habt, euch aber dennoch weigert aufzugeben, wenn ihr innerlich fest entschlossen seid, werdet ihr Antwort von Gott erhalten.

Gott ist kosmische Schwingung, d. h., Er ist das Wort. Gott als »das Wort« summt in allen Atomen. Das ganze Universum sendet eine Musik aus, die der tief Meditierende wahrnehmen kann. Ich höre Seine Stimme jetzt in diesem Augenblick. Der kosmische Laut[9], den ihr in der Meditation hört, ist die Stimme Gottes. Dieser Laut kann sich in jeder uns verständlichen Sprache kundtun. Wenn ich manchmal dem OM lausche und Gott bitte, mir etwas zu erklären, so wird der OM-Laut zur englischen oder bengalischen Sprache und gibt mir klare Anweisungen.

Gott spricht auch durch die Intuition zum Menschen. Wenn ihr gelernt habt, der kosmi-

[9] OM, die bewusste, intelligente, kosmische Schwingung des Heiligen Geistes.

schen Schwingung zu lauschen,[10] könnt ihr Seine Stimme leichter hören. Aber auch wenn ihr durch den kosmischen Äther zu Gott sprecht und euer Wille stark genug ist, wird Seine Stimme durch den Äther zu euch sprechen. Er sendet euch ständig folgende Botschaft:

»Rufe Mich an, sprich aus tiefstem Herzen, aus dem Innersten deiner Seele zu Mir, sprich unaufhörlich, hoheitsvoll, entschlossen und mit dem festen Vorsatz, dass du Mich weiter suchen willst, ganz gleich, wie lange Ich nicht antworte. Wenn du im Herzen ständig zu Mir flüsterst: ›O mein geliebter Gott, schweige nicht länger, sprich zu mir‹, dann will Ich zu dir kommen, Mein Kind.«

[10] Durch eine bestimmte altüberlieferte Technik, die in den *Lehrbriefen der Self-Realization Fellowship* beschrieben wird.

Wenn ihr einmal Antwort von Ihm erhalten habt, werdet ihr euch nie mehr getrennt von Ihm fühlen. Ein solch göttliches Erlebnis wird stets in eurer Erinnerung lebendig bleiben. Doch dieses »einmal« ist schwer zu erreichen, weil Herz und Geist nicht überzeugt sind; immer wieder kommen euch Zweifel, die von euren früheren materialistischen Vorstellungen herrühren.

GOTT ANTWORTET AUF DIE HERZENSGEBETE SEINER KINDER

Gott wird jedem einzelnen Menschen antworten, ganz gleich, welche Hautfarbe er hat und welcher Kaste oder Religion er angehört. In Bengali gibt es ein Sprichwort, in dem es heißt: Wenn ihr Gott aus tiefster Seele als Mutter des

Universums anruft, kann Sie nicht länger schweigen. Dann muss Sie zu euch sprechen. Ist das nicht wunderbar?

Denkt über alles nach, was mich heute inspiriert hat und was ich euch gesagt habe. Ihr dürft nie mehr daran zweifeln, dass Gott euch antworten wird, wenn ihr ausdauernd und beharrlich nach Ihm ruft. »Der Herr aber redete mit Mose von Angesicht zu Angesicht, wie ein Mann mit seinem Freunde redet.«[11]

---

[11] *2. Mose*, 33, 11.

Über den Autor

Paramahansa Yogananda (1893–1952) gilt weltweit als eine der überragenden geistigen Persönlichkeiten unserer Zeit. Aus Nordindien stammend kam er 1920 in die Vereinigten Staaten, wo er über dreißig Jahre lang die altehrwürdige indische Wissenschaft der Meditation sowie die Kunst eines ausgeglichenen spirituellen Lebens lehrte. Durch seine begeistert aufgenommene Lebensgeschichte, die *Autobiographie eines Yogi*, und seine zahlreichen anderen Bücher hat Paramahansa Yogananda Millionen Leser mit den unsterblichen Wahrheiten des Ostens bekannt gemacht. Heute wird sein geistiges und humanitäres Werk von der internationalen Organisation Self-Realization Fellowship weitergeführt, die er 1920 gründete, um seine Lehren weltweit zu verbreiten. Derzeitiger Präsident und geistiges Oberhaupt der Self-Realization Fellowship ist Bruder Chidananda.

DVD Video

Awake: The Life of Yogananda
Ein Film von CounterPoint Films

LEHRBRIEFE DER
SELF-REALIZATION FELLOWSHIP

*Diese Lehrbriefe enthalten Paramahansa Yoganandas
Anleitung zu den Techniken der Yoga-Meditation und
seine Grundsätze und persönlichen Ratschläge für eine
spirituelle Lebensweise*

Wenn Sie sich von den spirituellen Wahrheiten in
Zwiesprache mit Gott angesprochen fühlen, möchten wir
Sie einladen, die *Lehrbriefe der Self-Realization Fellowship* zu
abonnieren.

Paramahansa Yogananda hat diese Reihe von Lehrbriefen, die für das Selbststudium gedacht sind, zusam-
menstellen lassen, um aufrichtigen Wahrheitssuchern
Gelegenheit zu geben, die in diesem Buch erwähnten
althergebrachten Yoga-Meditationstechniken zu ler-
nen und zu üben – einschließlich des wissenschaftlichen *Kriya-Yoga*. Die Lehrbriefe enthalten auch seine
praktischen Ratschläge, mit denen man Ausgeglichen-
heit sowie körperliche, geistige und seelische Gesund-
heit erlangen kann.

Die *Lehrbriefe der Self-Realization Fellowship* können gegen eine geringe Gebühr bezogen werden (diese dient zur Deckung der Druck- und Versandkosten). Alle, welche die Lehrbriefe beziehen, werden in Bezug auf das Üben der Techniken von Nonnen und Mönchen der Self-Realization Fellowship ausgiebig persönlich beraten.

Für weitere Informationen ...

Bitte besuchen Sie unsere Webseite www.srflessons.org, um ein umfassendes kostenloses Informationspaket zu den Lehrbriefen anzufordern.

Self-Realization Fellowship
3880 San Rafael Avenue
Los Angeles, CA 90065-3219 USA
Tel.: +(323) 225-2471
Fax: +(323) 225-5088
www.yogananda.org

oder

Gemeinschaft der Selbst-Verwirklichung
Laufamholzstraße 369
D-90482 Nürnberg
Tel.: 0911/50 10 87
Fax: 0911/5 04 83 17

ZIELE UND IDEALE

DER

SELF-REALIZATION FELLOWSHIP

dargelegt von ihrem Gründer Paramahansa Yogananda
Präsident: Bruder Chidananda

Menschen aller Nationen mit bestimmten, wissenschaftlichen Techniken bekannt zu machen, die zur unmittelbaren, persönlichen Gotteserfahrung führen;

zu lehren, dass der Sinn des Lebens in der Höherentwicklung des begrenzten menschlichen Bewusstseins liegt, bis es sich aus eigener Kraft zum Bewusstsein Gottes erweitert, und zu diesem Zweck Tempel der Self-Realization Fellowship in aller Welt zu errichten, in denen wahre Gottverbundenheit gepflegt wird, und die Menschen außerdem anzuregen, sich in ihrem eigenen Heim und Herzen einen Tempel Gottes zu schaffen;

darzulegen, dass das ursprüngliche, von Jesus Christus gelehrte Christentum und der ursprüngliche, von Bhagavan Krishna gelehrte Yoga im Wesentlichen völlig übereinstimmen und dass ihre Prinzipien der Wahrheit die wissenschaftliche Grundlage aller echten Religionen bilden;

auf den schnellsten Weg zu Gott hinzuweisen, in den alle wahren religiösen Wege schließlich einmünden: den Weg täglicher, wissenschaftlicher und hingebungsvoller Meditation über Gott;

die Menschen von ihrem dreifachen Leiden zu befreien: körperlicher Krankheit, geistiger Unausgeglichenheit und seelischer Blindheit;

die Menschen zu einem einfacheren Leben und tieferen Denken anzuregen und unter allen Völkern den Geist wahrer Brüderlichkeit zu verbreiten, indem ihnen die Erkenntnis vermittelt wird, dass alle Menschen Kinder des einen Gottes sind;

die Überlegenheit des Geistes über den Körper und die der Seele über den Geist zu beweisen;

Böses durch Gutes, Leid durch Freude, Grausamkeit durch Güte, Unwissenheit durch Weisheit zu besiegen;

Wissenschaft und Religion durch die Erkenntnis, dass beide auf denselben Gesetzen beruhen, miteinander in Einklang zu bringen;

die geistige Verständigung und den kulturellen Austausch zwischen Morgen- und Abendland zu fördern;

der ganzen Menschheit als dem eigenen, erweiterten SELBST zu dienen.

Autobiographie eines Yogi

von Paramahansa Yogananda

Die *Autobiographie eines Yogi* ist ein fesselnder Bericht über die einzigartige Wahrheitssuche eines Menschen. Der Autor versteht es, seine Erzählung zu bereichern, indem er mit wissenschaftlicher Genauigkeit die feinen, aber präzisen Gesetze erklärt, durch deren Anwendung die Yogis Wunder vollbringen und Herrschaft über ihr Selbst erlangen. Er beschreibt die langen Jahre spiritueller Schulung bei Swami Sri Yukteswar sowie seine Begegnungen mit bedeutenden Persönlichkeiten aus Ost und West – darunter Mahatma Gandhi, Luther Burbank, Therese Neumann und Rabindranath Tagore.

Das Buch vermittelt eine fundierte Einführung in die Wissenschaft des Yoga und beseitigt viele Missverständnisse über die Philosophie und Religion des Ostens. Seit dem ersten Erscheinen im Jahre 1946 ist die *Autobiographie eines Yogi* zu einem Klassiker auf ihrem Gebiet geworden, der die grundlegende Einheit offenbart, die zwischen allen großen östlichen und westlichen Religionen besteht. Das Buch wurde in mehr als 50 Sprachen übersetzt und dient heute als Studienmaterial in Hochschulen und Universitäten in aller Welt.

———•———

»Weder in englischer noch in irgendeiner anderen europäischen Sprache ist je etwas über Yoga geschrieben worden, was dieser Darstellung gleicht.«
Columbia University Press

»Eine faszinierende und klar kommentierte Studie.«
Newsweek

»Ein außergewöhnlicher Bericht.«
The New York Times

»Auf den Seiten dieser von unvergleichlichem und scharfem Geist gestalteten Darstellung eines faszinierenden Lebens wird ein Menschenbild von einer so ungeheuerlichen Größe offenbar, dass es den Leser von der ersten bis zur letzten Seite atemlos in Bann hält. ... Man möchte dieser bedeutenden Biographie die Kraft zusprechen, eine geistige Reformation auszulösen.« **Schleswig-Holsteinische Tagespost**